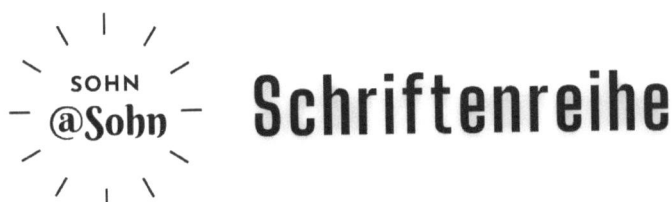

Schriftenreihe

Zeugnisse einer fragmentarischen Existenz

Band 5

Inhalt

Editorial 4

Kapitel 1 7

Barthes und Proust

Zwei Wege der Emotion

Kapitel 2 13

Die Sehnsucht des Schreibens *und die Schleifen der Unendlichkeit*

Kapitel 3 17

Liebe *und Begehren*

Kapitel 4 23

Roland Barthes *Notizen zu Marcel Proust*

Kapitel 5 28

Rezeptionsästhetik

Kapitel 6 30

Sinne und Sinnlichkeit

Kapitel 7 32

Barthes, Proust und das Dandytum

Kapitel 8 39

Krankheit und die Isolation

Kapitel 9 43

Fragmentarische Reisen

Kapitel 10 48
Zeugnisse einer fragmentarischen Existenz *Die intellektuelle Maschine anhalten: Der Brief als Manifest*

Kapitel 11 54
Zwischen Bordell-Hotel und platonischer Liebe *Proust-Matinée*

Kapitel 12 65
Roland Barthes und das literarische "Le Monde"

Kapitel 13 71
Eine fiktive Nacht der Theorie
mit Heiner Müller, Louis Althusser und Roland Barthes

Kapitel 14 76
Das Erbe des langen Sommers der Theorie

Editorial

Zeugnisse einer fragmentarischen Existenz ist mehr als nur ein Buch; es ist eine tiefgehende Erkundung der menschlichen Erfahrung durch die Linse der Fragmentierung, wie sie von zwei der bedeutendsten literarischen Denker des 20. Jahrhunderts, Roland Barthes und Marcel Proust, dargestellt wird. Diese beiden Autoren, die sich intensiv mit der Zersplitterung des Lebens und der Erinnerung auseinandergesetzt haben, bieten uns wertvolle Einsichten in die Natur der menschlichen Existenz und die Art und Weise, wie wir unsere Realität wahrnehmen und interpretieren.

Barthes und Proust zeigen in ihren Werken, dass das Leben selbst eine Abfolge von Momenten, Erinnerungen und Eindrücken ist, die niemals vollständig zusammengefügt werden können. Ihre literarischen Schöpfungen sind nicht bloß lineare Erzählungen, sondern vielmehr Mosaike – fragile, bruchstückhafte Spiegelungen ihrer Wahrnehmung der Welt.

Barthes' Methodik der Fragmentierung, die er in zahlreichen kurzen, eruptiven Zwischen-Texten und Aperçus darstellt, fordert den Leser heraus, das Unzusammenhängende zu akzeptieren und neue Verbindungen zu schaffen. Ein zentrales Thema in Barthes' und Prousts Arbeiten ist die „Spitze des Besonderen".

Diese Momente intensiver emotionaler Erfahrung, in denen das Subjekt die tiefsten Wahrheiten der menschlichen Existenz berührt, sind sowohl für Barthes als auch für Proust von großer Bedeutung. Barthes beschreibt diese Augenblicke als Zeiten, in denen die Realität des Todes und der Liebe simultan erfahren werden, wobei diese Momente nicht enthüllend, sondern vielmehr das Auftauchen des Uninterpretierbaren markieren.

Prousts berühmte Madeleine-Szene ist ein Paradebeispiel für solche Spitzen des Besonderen, in denen sensorische Auslöser eine Kaskade von Erinnerungen und Emotionen freisetzen.
Die Werke dieser beiden Denker bleiben bewusst unvollendet, offen für neue Deutungen und Interpretationen. Sie stellen die fragmentarische Natur des Lebens als grundlegendes Prinzip menschlicher Erfahrung dar, das sich in einem endlosen Prozess des Schreibens und Lesens widerspiegelt.

Barthes skizziert dabei die Bedeutung des Fragmentarischen nicht nur als literarische Technik, sondern als Lebensweise. In seinen Texten wird das Fragment zum zentralen Element, das die inhärente Unvollständigkeit und die ständige Veränderung der menschlichen Erfahrung einfängt.

Ein weiteres faszinierendes Element in Barthes' Werk ist seine Darstellung des Schreibens als heiligen Akt. Der Raum des Schreibens, sei es das Korkzimmer von Proust oder das stille Zimmer von Barthes, wird zum Refugium, in dem die Fragmente des Lebens zu Text werden können. Dieser Raum ist ein Ort der Transformation, an dem das Fragmentarische in eine literarische Form gegossen wird.

Die Freundschaft und Korrespondenz zwischen Roland Barthes und Georges Raillard verdeutlicht die intellektuelle Tiefe und das Verständnis für die Notwendigkeit des Rückzugs und der schöpferischen Pause. Barthes' Brief an Raillard, in dem er die „intellektuelle Maschine" anhält, um seine geistige Frische zu bewahren, zeigt die Balance, die Barthes stets zwischen intellektuellen Verpflichtungen und persönlicher Freiheit suchte.

Insgesamt fordert Zeugnisse einer fragmentarischen Existenz seine Leser heraus, in den Bruchstellen der Texte und in den Zwischenräumen des Lebens nach Wahrheit zu suchen.

Es ist ein Werk, das keine einfachen Antworten bietet, sondern eine tiefgreifende Reflexion über die Natur der menschlichen Erfahrung und die Rolle der Literatur in unserem Verständnis dieser Erfahrung darstellt. Barthes und Proust hinterlassen uns Texte, die als Reisen ohne festes Ziel gelesen werden können – Karten eines Territoriums, das wir immer wieder neu erkunden müssen.

Kapitel 1

Barthes und Proust
Zwei Wege der Emotion

Roland Barthes und Marcel Proust – zwei Giganten, zwei Welten, die aufeinanderprallen. Ihre Gedanken explodieren, schaffen neue Universen. Barthes dekonstruiert die Liebe. Fragmente, die Liebe als Sprachspiel zeigen. Keine echte Liebe, nur gesellschaftliche Codes. „Ich-möchte-bedeutet-Ich-liebe" – die Worte zerbrechen, enthüllen ihre Hohlheit. Proust dagegen – ein Meister der sensorischen Erinnerung. Die Madeleine taucht in den Tee, Erinnerungen fluten, Emotionen erwachen. Unterschiedliche Ansätze, aber beide tief verankert im menschlichen Gefühl.

Barthes und Proust, beide tief in der Erforschung von Emotionen versunken, aber auf völlig unterschiedliche Weise. Barthes, der analytische Dekonstruktivist, zerlegt die Sprache der Liebe, als wäre sie ein toter Körper auf dem Seziertisch. Jedes Wort, jede Phrase wird auseinandergenommen, um ihre wahre Bedeutung oder vielmehr ihre Bedeutungslosigkeit zu enthüllen.

Barthes' "Fragmente einer Sprache der Liebe" – ein Buch, das die falschen Versprechen der Liebe in der Sprache aufdeckt. Proust dagegen, der Poet der Erinnerung, taucht tief in die Sinneswahrnehmungen ein. Die Madeleine-Szene in "Auf der Suche nach der verlorenen Zeit" ist ein Paradebeispiel.

Der Geschmack des in Tee getauchten Kuchens löst eine Kaskade von Erinnerungen aus, die tief in der Vergangenheit des Erzählers verwurzelt sind. Diese sensorischen Trigger sind der Schlüssel zu Prousts Darstellung von Emotionen – sie sind lebendig, fühlbar und real.

Gesprochene und geschriebene Sprache der Liebe

Barthes zeigt, wie unsere emotionalen Ausdrücke von gesellschaftlichen Erwartungen geformt sind. In „Fragmente einer Sprache der Liebe" untersucht er, wie Liebesbekundungen oft nicht authentisch, sondern durch kulturelle Normen geprägt sind. Ein weiteres Beispiel ist seine Analyse der Unterschiede zwischen gesprochener und geschriebener Sprache in Liebesbriefen.

Diese schriftlichen Geständnisse sind oft durch literarische Traditionen beeinflusst, was ihre Authentizität weiter in Frage stellt.

Prousts Ansatz ist stark von der subjektiven Wahrnehmung geprägt. Er nutzt sensorische Erfahrungen, um Emotionen und Erinnerungen zu wecken. Proust beschreibt den Geruch von Flieder, der Erinnerungen an vergangene Frühlinge und damit verbundene Gefühle der Jugend und Unschuld wachruft. Diese sensorischen Erfahrungen dienen als Katalysatoren für tiefe emotionale Reflexionen und zeigen, wie eng die Sinne mit der Erinnerung und der emotionalen Landschaft des Individuums verbunden sind.

Materialität des Schreibens

Schreiben ist körperlich. Barthes spürt die Präsenz des Autors im Text, die Handschrift als direkter Ausdruck. Manuskripte, Korrekturen – der kreative Prozess wird sichtbar. Proust kämpft mit Schmerzen, schreibt auf Papierschnipseln, kämpft gegen seinen Körper. Seine Manuskripte – ein Chaos, ein Testament seines Leidens und seiner Hingabe.

Barthes betrachtet das Schreiben als einen körperlichen Akt, der durch die physischen Werkzeuge und Materialien beeinflusst wird. In seinen Reflexionen über die Handschrift und deren Bedeutung als Ausdruck der körperlichen Präsenz des Autors im Text zeigt sich sein Interesse an der Materialität des Schreibens.

Barthes argumentiert, dass die Handschrift eine direkte Verbindung zwischen dem Körper des Autors und dem Text herstellt. In seinem Essay "Schrift und Signatur" untersucht er die Bedeutung der handschriftlichen Notiz als Ausdruck der physischen Anwesenheit und der individuellen Identität des

Autors. Barthes' Interesse an der Materialität des Schreibens zeigt sich auch in seiner Analyse von Manuskripten und Druckfahnen.

Er skizziert die Bedeutung von Korrekturen und Überarbeitungen, die den kreativen Akt sichtbar machen und die Entwicklung und Transformation des Textes offenbaren. Diese physischen Spuren des Schreibprozesses sind ein Zeugnis der intensiven Auseinandersetzung des Autors mit seinem Werk.

Prousts Manuskripte sind bekannt für ihre zahlreichen Korrekturen und Überarbeitungen. Sie zeigen die Mühsal und die emotionalen Herausforderungen, denen er beim Schreiben gegenüberstand.

Hingabe

Das „Cahier 36" ist ein bemerkenswertes Beispiel seiner akribischen Arbeitsweise. Prousts körperliche Beschwerden und seine unermüdliche Hingabe an das Schreiben sind in seinen Manuskripten sichtbar, die oft von Hand geschrieben und mit zahlreichen Einfügungen und Anmerkungen versehen sind.

Ein weiteres Beispiel für die physischen Herausforderungen, mit denen Proust konfrontiert war, ist die Beschreibung seines Schreibprozesses in einem Brief an einen Freund. In diesem Brief beschreibt Proust die körperlichen Schmerzen und die Erschöpfung, die das stundenlange Schreiben mit sich brachte. Prousts unermüdlicher Einsatz und seine Bereitschaft, trotz körperlicher Beschwerden weiterzuschreiben, zeugen von seiner tiefen Hingabe an die literarische Arbeit.

Zeit und Fotografie

Barthes sieht in der Fotografie die eingefrorene Zeit. "Die helle Kammer" – ein Foto seiner Mutter als Kind, die Zeit wird greifbar, das Vergangene wird präsent. Proust nutzt fotografische Metaphern, Erinnerungen wie Abzüge, die durch Sinne aktiviert werden.

Zeit und Erinnerung – zwei Perspektiven, die das Vergängliche und das Ewige umkreisen. Barthes untersucht in "Die helle Kammer" die Natur der Fotografie und ihre Beziehung zur Zeit. Ein besonderes Beispiel ist seine Analyse eines Fotos seiner Mutter als Kind. Dieses Foto wird für ihn zu einem "Zauberspiegel", der die vergangene Zeit in die Gegenwart holt. Barthes beschreibt die Fotografie als ein Medium, das die Zeit einfängt und konserviert, und gleichzeitig die Vergänglichkeit des Moments betont.

Ein weiteres Beispiel ist Barthes' Konzept des "punctum", das beschreibt, wie bestimmte Details in einem Foto eine tief emotionale Reaktion auslösen können. Diese Details, die das "punctum" bilden, durchbrechen die lineare Zeit und verbinden den Betrachter direkt mit dem fotografierten Moment.

Barthes' Analyse zeigt, wie Fotografien sowohl als Zeugnisse der Vergangenheit als auch als lebendige Verbindungen zur Gegenwart fungieren.

Proust verwendet häufig fotografische Metaphern, um Erinnerungen und Zeit darzustellen. In "Auf der Suche nach der verlorenen Zeit" gibt es zahlreiche Passagen, in denen Erinnerungen wie fotografische Abzüge beschrieben werden, die durch sensorische Erfahrungen aktiviert werden.

Ein Beispiel ist die Szene, in der der Erzähler durch den Anblick eines alten Fotos an vergangene Zeiten erinnert wird und eine lebendige Verbindung zur Vergangenheit herstellt.

Prousts Verwendung von fotografischen Metaphern zeigt, wie Erinnerungen im Gedächtnis gespeichert und durch sensorische Auslöser wieder hervorgerufen werden.

Diese Metaphern betonen die Unzuverlässigkeit und Subjektivität der Erinnerung, indem sie zeigen, wie Erinnerungen durch die Perspektive und die Emotionen des Individuums geformt und verändert werden.

Kapitel 2
Die Sehnsucht des Schreibens
und die Schleifen der Unendlichkeit

„Le lecteur de Proust a le sentiment d'entrer de plain-pied dans le royaume de l'esprit dès les premières pages du 'Temps Perdu' une sorte d'extase une angoisse extasié lui est à la fois donnée promise..."
– Roland Barthes

Der Leser tritt ein, in die ersten Seiten, wie ein Pilger, der das Heiligtum erreicht. Barthes' Worte über Proust, sie wirken wie ein Mantra, eine Einladung in den Tempel der literarischen Ekstase.

Der Übergang, von der Profanität des Alltags hin zu der Sublimität des Geistes, geschieht hier ohne Umschweife. Es ist diese radikale Transformation, die den Beginn der langen Reise markiert, der Reise durch das verlorene Paradies der Erinnerung und Zeit.

Die Blindheit der Sehnsucht

„Es ist mit Vertrauen, dass man sich in diese lange Suche führen lässt, in der sich die sanfte Geduld und Aufmerksamkeit kontinuierlich entfaltet..."
– Roland Barthes

Die Sehnsucht, sie brennt wie ein Fieber, das nicht zu stillen ist. Der erste Akt des Schreibens ist die Velléité, das blinde Verlangen. Prousts Erzähler, gefangen zwischen der Faszination für die Literatur und der Ablenkung durch die Weltlichkeit. Es ist ein Zustand des Suchens ohne Finden, des Strebens ohne Erfüllung. Die Liebe, sie bleibt unerfüllt, ebenso wie der Drang zu schreiben. Es ist eine Jagd, die nirgendwohin führt, eine rastlose Bewegung ohne Ziel. Der Erzähler erschöpft sich in der Verfolgung von Träumen, die sich in der Realität nicht manifestieren.

Die luzide Resignation

„...la révélation est d'ailleurs triste tragique car elle consiste en une sorte de démystification des dons littéraires qu'il se croyait..."
– Roland Barthes

Der zweite Akt bringt die bittere Klarheit.
Es ist die Erkenntnis, dass die eigenen literarischen Gaben nicht ausreichen. Eine tragische Demystifikation. Der Erzähler erkennt die Lücke zwischen seiner Vorstellungskraft und der Realität seiner Fähigkeiten. Ein zufälliges Lesen des Journals der Goncourts entlarvt seine Selbsttäuschung.

Die Akzeptanz dieser Wahrheit führt zur Resignation, zum bewussten Verzicht auf das Schreiben.
Es ist die bittere Akzeptanz des verlorenen, unwiederbringlichen Zeitflusses.
Der Erzähler gibt sich der Weltlichkeit hin, ohne Reue, und erkennt die Vergänglichkeit des Daseins.

Die ekstatische Auferstehung

„...c'est là qu'on atteint cette notion essentiellement proustienne d'extra-temporalité..."
– Roland Barthes

Doch dann, ein Wunder, eine Auferstehung in drei Akten. Die Einladung zu einem Abend bei den Guermantes führt zu einer transzendenten Erfahrung. Die Kollision von Vergangenheit und Gegenwart erzeugt eine ekstatische Felicität. Drei Schocks, drei Erinnerungen: Die unebenen Pflastersteine, der Klang der aufeinander schlagenden Gläser, die raue Serviette. Diese Momente reißen den Erzähler aus der Zeit heraus, bringen ihn zu einer Epiphanie.

Das Vergangene und das Gegenwärtige verschmelzen, das Verlorene wird wiedergefunden. Der Entschluss zu schreiben, geboren aus dieser ekstatischen Erfahrung, ist absolut.

Der Erzähler zieht sich zurück, entsagt der Weltlichkeit, widmet sich ganz dem Akt des Schreibens. Das Schreiben wird zum einzigen Mittel, die entdeckte Felicität zu bewahren, eine Rückkehr zu den Tiefen des Seins.

Die Lehren für den modernen Schriftsteller

„Écrire, c'est être heureux pour Proust..."
– Roland Barthes

Proust lehrt uns, dass das Schreiben eine radikale Entscheidung erfordert. Eine Trennung, fast chirurgisch, zwischen dem Akt des Schreibens und dem Rest des Lebens. Es ist eine asketische Hingabe, eine Abkehr von der Frivolität der Welt.

Doch es ist auch eine Quelle des Glücks, ein Weg zur Verwandlung eines unglücklichen Lebens in ein glückliches. Schreiben bedeutet, das Essentielle zu suchen, eine Anamnese durch Vergleiche, eine Rückkehr zu den Tiefen des eigenen Seins. Diese Lektionen sind zeitlos, sie hallen nach in der modernen Literatur. Sie fordern die jungen, die schreibenden Seelen heraus, die vor der Schwelle des Schreibens stehen.

Proust zeigt uns, dass das Schreiben ein totaler Akt ist, der eine vollständige Hingabe und die Fähigkeit, das Glück im Schreiben selbst zu finden, erfordert. Es ist eine Einladung, eine Herausforderung, eine Sehnsucht.

Kapitel 3

Liebe
und Begehren

Liebe. Begehren. Zwei Worte, die so schwer beladen sind mit Bedeutungen, Erwartungen, Verstrickungen. Barthes, der feinsinnige Sezierer kultureller Mythen, dekonstruiert diese Begriffe, schält Schicht um Schicht ab, bis nur noch die blanken, blutigen Nerven-Enden übrigbleiben. Liebe ist kein universales Gefühl, sondern eine kulturelle Inszenierung, ein Ritual, das uns in starre Rollen zwängt.

Enge Gassen der Normen

Proust. Die Suche nach der verlorenen Zeit. Ein Monument der literarischen Erkundung der menschlichen Seele. Seine Charaktere, sie gleiten durch die engen Gassen der Normen, brechen aus, sprengen die Ketten. Charlus, Albertine, sie sind keine fixen Größen, sondern wandelbare, vielschichtige Wesen, die die engen Korsette der gesellschaftlichen Erwartungen zerreißen.

Charlus. Seine Sexualität, ein schillerndes, widersprüchliches Mosaik. Er begehrt Männer, lebt seine Homosexualität offen aus. Doch was bedeutet das in einer Gesellschaft, die sich festklammert an binäre Geschlechterrollen? Proust zeigt uns, dass Begehren fluid ist, dass es sich nicht in die engen Grenzen der Heteronormativität zwängen lässt.

Albertine. Die Beziehung des Erzählers zu ihr, ein kompliziertes Geflecht aus Macht und Eifersucht, Liebe und Kontrolle. Diese Beziehung ist kein statisches Gebilde, sondern ein dynamischer Prozess, geprägt von ständiger Veränderung und Unsicherheit.

Proust dekonstruiert die romantische Liebe, zeigt sie als einen Kampf um Macht und Kontrolle, als ein Spiel der Spiegelungen und Täuschungen.

Sprache der Liebe wird zerlegt

Barthes zerlegt die Sprache der Liebe.
In "Fragmente einer Sprache der Liebe" entlarvt er die romantischen Klischees, die uns gefangen halten.
Er zeigt, wie die Sprache die Liebe formt, wie sie uns zwingt, bestimmte Rollen zu spielen.
Das männliche Begehren, das weibliche Begehren – alles Konstrukte, erschaffen von der Kultur, die uns umgibt.

Die Fürstin Scherbatow. Zuerst eine hässliche, gewöhnliche Frau, die der Erzähler für eine Bordellwirtin hält. Doch dann die Enthüllung: Sie ist eine hochgeborene Dame, die Perle des Salons Verdurin. Diese Inversion, diese Umkehrung der Erscheinungen, ist typisch für Proust.

Er zeigt uns, dass nichts so ist, wie es scheint, dass die Wahrheit immer komplexer ist, als wir denken. Barthes und Proust, zwei Geister, die durch die dunklen Wälder der menschlichen Seele wandern. Sie führen uns, sie leiten uns, sie zeigen uns den Weg. Doch es ist kein einfacher Weg.

Es ist ein Weg voller Dornen, voller Gefahren, voller Abgründe. Die Dekonstruktion der Liebe, des Begehrens – es ist ein schmerzhafter Prozess, der uns zwingt, uns selbst in all unserer Komplexität zu erkennen.

Meister der Inversion

Prousts Figuren sind Meister der Inversion. Sie bewegen sich durch die Welten der Gesellschaft, durch die Schichten der Identität. Charlus, der Aristokrat, der sich in den Salons der Gesellschaft bewegt, und doch seine Homosexualität offen auslebt.

Albertine, das junge Mädchen, das zur Geliebten wird, zur Gefangenen, zur Rebellin. Diese Figuren zeigen uns, dass Identität und Begehren niemals fixiert sind, sondern immer im Fluss, immer in Bewegung. Barthes spricht von der Sprache der Liebe.

Diese Sprache, sie ist kein neutrales Medium, sondern ein Werkzeug der Macht. Sie formt unsere Gedanken, unsere Gefühle, unsere Identität. Die romantischen Klischees, die uns einreden, dass Liebe selbstlos ist, dass Begehren natürlich ist – all das sind Lügen, erschaffen von einer Kultur, die uns kontrollieren will.

Die Inversion, die Umkehrung, ist ein zentrales Motiv bei Proust. Sie zeigt uns, dass nichts so ist, wie es scheint, dass die Wahrheit immer komplexer ist, als wir denken.

Die Fürstin Scherbatow, zuerst eine gewöhnliche Frau, dann eine hochgeborene Dame.
Diese Verwandlungen, sie sind nicht nur äußere Erscheinungen, sondern tiefgreifende Veränderungen der Identität.

Liebe und Begehren, zwei Worte, die so viel bedeuten und doch so oft missverstanden werden. Barthes und Proust helfen uns, diese Begriffe neu zu verstehen, sie in ihrer ganzen Komplexität und Vielschichtigkeit zu begreifen.

Sie zeigen uns, dass Liebe und Begehren keine festen, unveränderlichen Größen sind, sondern dynamische Prozesse, die ständig im Fluss, ständig in Bewegung sind.

Starre Rollen

In der heutigen Welt, in der die Geschlechterrollen immer noch starr und restriktiv sind, in der die romantischen Klischees uns immer noch gefangen halten, sind die Lehren von Barthes und Proust wichtiger denn je. Sie ermutigen uns, die Grenzen zu sprengen, die Normen zu hinterfragen und unsere eigene Identität, unser eigenes Begehren frei und authentisch zu leben.

Die Liebe, das Begehren – sie sind keine einfachen, eindeutigen Gefühle. Sie sind komplex, widersprüchlich, oft schmerzhaft.
Doch genau darin liegt ihre Schönheit, ihre Kraft.
Barthes und Proust zeigen uns, dass diese Komplexität nicht etwas ist, das wir fürchten oder vermeiden sollten, sondern etwas, das wir umarmen und feiern sollten.

Denn in dieser Komplexität finden wir die wahre Essenz des Menschseins, die wahre Schönheit der Liebe und des Begehrens.

Essenz des Menschseins

Die Gesellschaft, die Kultur, sie versuchen, uns in feste Rollen zu zwingen, uns zu kontrollieren, unsere Identität und unser Begehren zu formen. Doch Barthes und Proust lehren uns, dass wir diese Kontrolle zurückgewinnen können, dass wir unsere eigene Identität, unser eigenes Begehren formen können.

Sie zeigen uns, dass wir die Freiheit haben, uns selbst zu sein, unsere eigene Wahrheit zu leben, unabhängig von den Erwartungen und Normen der Gesellschaft. Liebe und Begehren – sie sind keine festen, unveränderlichen Größen. Sie sind dynamische Prozesse, die ständig im Fluss, ständig in Bewegung sind.

Sie sind komplex, widersprüchlich, oft schmerzhaft, aber genau darin liegt ihre Schönheit, ihre Kraft. Barthes und Proust helfen uns, diese Komplexität zu verstehen, sie zu umarmen und zu feiern.

Denn in dieser Komplexität finden wir die wahre Essenz des Menschseins, die wahre Schönheit der Liebe und des Begehrens.

Kapitel 4

Roland Barthes
Notizen zu Marcel Proust

Roland Barthes' intensive Auseinandersetzung mit Marcel Proust zeigt die tiefen Verbindungen und Wahlverwandtschaften zwischen diesen beiden großen literarischen Denkern.

Barthes' Notizen und Aufsätze über Proust sind nicht nur Reflexionen über ein literarisches Werk, sondern auch Zeugnisse einer intellektuellen Annäherung und Bewunderung.

In diesem Kapitel werden wir Barthes' Notizen und Gedanken zu Proust detailliert untersuchen und ihre Bedeutung für die literarische Theorie und Praxis beleuchten.

Affinität zwischen Proust und der Fotografie

Barthes stellt in seinen Notizen eine enge Verbindung zwischen Proust und der Fotografie her.

Für ihn ist das Foto eine "verzweifelte Suche nach der Zeit des Einst", eine intensive Vergegenwärtigung, in der sich das Subjekt verliert.

Barthes sieht diese Verbindung deutlich in der Ikonographie Prousts, dessen Roman durch die Fotografien seines Lebens buchstäblich illustriert wird. Diese Beobachtung zeigt, wie Fotografie und

Erinnerung bei Proust eine symbiotische Beziehung eingehen. Barthes selbst versucht, ähnlich wie Proust, seine Suche nach der verlorenen Zeit durch Fotografien zu verarbeiten, insbesondere durch die Bilder seiner Mutter.

Das Werk, das ins Leben ausstrahlt

Barthes erläutert, dass bei Proust nicht das Leben über das Werk Auskunft gibt, sondern das Werk ins Leben ausstrahlt. Dies zeigt sich besonders in der Figur des Charlus, der nicht nur aus realen Vorbildern besteht, sondern vielmehr als literarische Figur in diesen realen Persönlichkeiten aufkeimt.

Diese paradoxe Lesart entspricht der Philosophie Prousts, wie sie insbesondere durch Gilles Deleuze in "Proust et les signes" beschrieben wird. Für Barthes ist es vergeblich, in der "Recherche" nach Schlüsseln zu suchen, da das Buch die Welt eröffnet und nicht umgekehrt.

Die Bedeutung des Schreibens bei Proust

In seinen Notizen reflektiert Barthes über den Willen zu schreiben, der sich bei Proust im erotischen Vergnügen manifestiert, das ihm die Sätze Bergottes vermitteln. Der zweite Akt, der größte Teil der "Verlorenen Zeit", behandelt die Unfähigkeit zu schreiben, eine Thematik, die Proust immer wieder beschäftigt. Barthes hebt hervor, dass Prousts Werk oft fragmentarisch und unvollständig wirkt, eine Sammlung von Fragmenten, die auf eine mögliche

Kristallisierung warten. Dieses Zögern zwischen Essay und Roman zeigt die komplexe Beziehung Prousts zur literarischen Form und zur eigenen Kreativität.

Proust und Paris

Barthes' Notizen enthalten auch eine faszinierende Route durch das Paris Prousts, besonders das Viereck zwischen Madeleine, Saint-Augustin, dem Parc Monceau und dem Hotel Ritz.

Barthes zeigt, wie sehr das Paris Napoleons III. und Haussmanns das heutige Paris prägt und wie diese Stadtlandschaft die literarischen Salons und mondänen Empfänge der „Recherche" beeinflusst hat.

Trotz seiner Bewunderung für Proust zeigt Barthes eine gewisse Distanz zu diesem Paris, das nicht sein eigenes ist, sondern eher eine literarische Konstruktion darstellt.

Die physischen und emotionalen Herausforderungen des Schreibens

Barthes hebe die physischen und emotionalen Herausforderungen hervor, denen Proust beim Schreiben gegenüberstand. Er beschreibt, wie Proust auf losen Papierschnipseln, Einladungskarten und Visitenkarten Notizen machte und wie diese fragmentarischen Aufzeichnungen die Grundlage für sein literarisches Werk bildeten. Prousts akribische

Arbeitsweise und seine unermüdliche Hingabe an das Schreiben trotz gesundheitlicher Beschwerden zeigen, wie tief verwurzelt sein literarisches Schaffen war.

Die moderne Unschuld und die Suche nach der verlorenen Zeit

In seinen Reflexionen über Proust kritisiert Barthes auch die moderne Tendenz, Prousts Werk auf eine einfache biografische oder psychologische Ebene zu reduzieren. Für Barthes ist Proust ein entschieden moderner und strukturaler Autor, dessen Werk atemberaubend revolutionär ist.

Die Suche nach der verlorenen Zeit wird nicht durch biografische Details erklärt, sondern durch die philosophische Tiefe und die strukturelle Komplexität des Werkes.

Roland Barthes' Notizen zu Marcel Proust sind ein bedeutendes Dokument einer literarischen Wahlverwandtschaft. Sie zeigen, wie Barthes Prousts Werk nicht nur bewundert, sondern umfassend analysiert und in seine eigene literarische Theorie integriert hat.

Die Reflexionen über Fotografie, Erinnerung, die physischen Herausforderungen des Schreibens und die strukturelle Komplexität von Prousts Werk bieten wertvolle Einblicke in die Gedankenwelt von Barthes und vertiefen unser Verständnis der "Recherche" als ein Werk, das weit über die biografischen und psychologischen Deutungen hinausgeht. Barthes' Notizen sind ein Zeugnis der intellektuellen Nähe und der gemeinsamen Suche nach den tieferen Wahrheiten der menschlichen Erfahrung und der literarischen Kunst.

Kapitel 5

Rezeptionsästhetik

Barthes untermauert die Bedeutung des Lesers bei der Schaffung von Bedeutung. Seine Analyse von Balzacs „Sarrasine" zeigt, wie der Leser aktiv an der Bedeutungsproduktion beteiligt ist.

Barthes argumentiert, dass der Autor nach der Veröffentlichung eines Textes nicht mehr die einzige Instanz ist, die dessen Bedeutung kontrolliert. Stattdessen wird der Text durch die Interpretation der Leser mit neuer Bedeutung gefüllt.

Ein weiteres Beispiel für Barthes' Rezeptionsästhetik ist seine Idee des „Textes als Gewebe", in dem er beschreibt, wie ein literarischer Text aus einer Vielzahl von Zitaten und Referenzen besteht, die der Leser aktiv interpretieren und miteinander verknüpfen muss.

Diese Vorstellung betont die kreative Rolle des Lesers bei der Bedeutungsproduktion und stellt den traditionellen Autor-Text-Leser-Hierarchien in Frage.

Prousts subjektive Leseerfahrungen

Proust zeigt oft die subjektive Erfahrung des Lesens. Seine Reflexionen über die Lektüre von Bergottes Werken und deren Einfluss auf seine Wahrnehmung und sein Verständnis der Welt sind beeindruckend. Proust beschreibt, wie das Lesen von Literatur seine eigene Sichtweise erweitert und vertieft hat und wie es ihm ermöglicht, neue Bedeutungen und Zusammenhänge zu entdecken.

Ein Beispiel hierfür ist die Passage, in der der Erzähler beschreibt, wie er Bergottes Werke liest und sich von deren Tiefe und Schönheit inspiriert fühlt.

Diese Leseerfahrungen sind nicht nur intellektuell, sondern auch emotional und transformativ, und sie zeigen, wie Literatur das Leben und die Wahrnehmung des Lesers bereichern kann.

Transformative Erfahrung des Lesens

Während Barthes den Leser in den Vordergrund stellt und die Bedeutung als Produkt der Leseraktivität betrachtet, betont Proust die subjektive und transformative Erfahrung des Lesens.

Barthes' theoretischer Ansatz zeigt, wie Leser aktiv an der Bedeutungsproduktion beteiligt sind und wie Texte durch ihre Interpretationen lebendig werden.

Prousts literarische Darstellungen betonen die persönliche und emotionale Dimension des Lesens und zeigen, wie tiefgreifend literarische Werke das Leben und die Wahrnehmung der Leser beeinflussen können.

Diese Ansätze helfen, die komplexe Beziehung zwischen Text, Autor und Leser besser zu verstehen und die Rolle des Lesers bei der Schaffung von Bedeutung in der Literatur zu beleuchten.

Kapitel 6

Sinne und Sinnlichkeit

Die Rolle der Sinne und der Sinnlichkeit in der Literatur ist ein Thema, das in den Werken von Barthes und Proust auf unterschiedliche Weise untersucht wird.

Barthes' Essays beschreiben die sensorischen Erfahrungen des Essens und deren Darstellung in der Literatur.

Barthes sieht die Bedeutung der Sinne für die ästhetische Erfahrung und zeigt, wie die sensorischen Qualitäten der Sprache selbst eine sinnliche Dimension haben können.

Ein Beispiel ist Barthes' Analyse der Brotscheibe, in der er beschreibt, wie der Geschmack und die Textur des Brotes eine tiefere kulturelle Bedeutung haben und Erinnerungen und Emotionen hervorrufen können.

Barthes zeigt, wie die sinnlichen Erfahrungen des Essens durch kulturelle Praktiken und Symbole vermittelt werden und wie sie in der Literatur dargestellt werden können.

Prousts sensorische Erinnerungen

Proust verwendet häufig sensorische Erfahrungen, um Erinnerungen und Emotionen darzustellen. Die Madeleine-Szene ist ein klassisches Beispiel dafür, wie der Geschmackssinn eine tiefgreifende Erinnerung auslösen kann. Diese sensorische Erfahrung zeigt, wie eng die Sinne mit der subjektiven Wahrnehmung und der Erinnerung verbunden sind.

Ein weiteres Beispiel ist Prousts Beschreibung des Geruchs von Flieder, der in ihm Erinnerungen an vergangene Frühlinge und die damit verbundenen Gefühle der Jugend und Unschuld wachruft. Diese sensorischen Erfahrungen dienen als Katalysatoren für tiefe emotionale Reflexionen und zeigen, wie die Sinne unsere Wahrnehmung und unser Verständnis der Welt prägen.

Kapitel 7

Barthes, Proust
und das Dandytum

Die totale Mobilmachung der Moderne ist vorbei, selbst die Titanen, die Söhne der Erde, bewegen die Geschichte nicht mehr.

Konsequenz: Hinwendung zum Einzelnen.
Die Denkweise des Dandys ist die Aufrechterhaltung der Distanz zu allem, was ist.

Der Fehler des Modernisten besteht darin, dass er glaubt, die Verfehltheit der Schöpfung heilen zu können. Der Dandy der Posthistoire weiß dagegen, dass dies müßig ist. Aus einer verfehlten Schöpfung kann nicht durch revolutionäre Aktion das Vollkommene geschaffen werden.

Als Dandy bin ich entschlossen, mich auf nichts einzulassen, letzthin ernst zu nehmen - allerdings nicht auf nihilistische Weise, sondern eher als Grenzposten, der im Niemandslande zwischen den Gezeiten Augen und Ohren schärft.

Der Dandy sucht sich seine Gesellschaft aus

Der Dandy kommt schon deshalb nicht in Versuchung, weil er sich nicht an Ideen ausrichtet, sondern an Tatsachen. Er kämpft allein, als Freier, dem es fernliegt, sich dafür aufzuopfern, dass eine

Unzulänglichkeit die andere ablöst und eine neue Herrschaft über die alte triumphiert. Der Dandy sucht sich seine Gesellschaft aus. Er nimmt dabei wohl oder übel jene in Kauf, die er, wie Nation oder Familie, vorfindet.

Partisan des Weltgeistes

Dem politischen Dandy bleibt die ästhetische Freiheit: künstlerisch hervorzubilden, was an der Wirklichkeit so wenig wie an der Zeit geprüft werden muss.

„Als Einzelgänger, der auf Distanz hält, ein Partisan des Weltgeistes", wie es Nicolaus Sombart in einem Essay formulierte. Der Dandy als Sozialtypus ist ein Produkt der westlichen Kultursphäre, der Dekadenz, des Raffinements, der Urbanität, des Zivilisationsprozesses.

Der Dandyismus ist weltläufig, weltmännisch, mondän, snobistisch und hat in den Weltstädten Paris und London seine sozialtypische Ausprägung gefunden.

Der Dandy steht an der Grenze der aristokratischen und bürgerlichen Lebenswelt, übernimmt die Werte der einen unter den gesellschaftlichen Bedingungen der anderen, um das Ideal eines extremen, artistischen, klassenlosen, weil über den Klassen stehenden Individuums zu verwirklichen. Der Dandy verachtet die Masse und jede Mittelmäßigkeit. Das

Ideal des Dandys ist kein humanistisches Persönlichkeitsideal, sondern perfekte Kultivierung eines Lebensstils. Kein Kult der Innerlichkeit, keine Psychologie, keine Psychoanalyse, kein Moralismus.

Keine Nähe, kühle Distanz, keine Emotionen, keine Wärme, keine Romantik. Kein Hedonismus oder Eudämonismus, wohl aber eine subtile Lust an der Askese.

Der Dandy ist mutig.

Phrasenhafte Diskurse lehnt er ab.

Dandytum in Barthes' Werk

Roland Barthes war fasziniert von der Oberfläche, dem Stil und der Symbolik, die mit dem Dandytum verbunden sind. In seinen Schriften, insbesondere in „Mythen des Alltags", analysiert Barthes, wie Mode und Stil als Formen des Ausdrucks und der Kommunikation fungieren.

Barthes versteht den Dandy als eine Figur, die bewusst die Grenzen zwischen Kunst und Leben verwischt und durch ihren Stil eine eigene Identität erschafft. In „L'Écrivain en vacances" beschreibt Barthes, wie das Erscheinungsbild eines Schriftstellers eine Bedeutungsschicht hinzufügt, die über das Geschriebene hinausgeht. Der Dandy nutzt Mode und Stil, um eine bestimmte Identität zu konstruieren und eine Botschaft zu vermitteln, die unabhängig vom gesprochenen oder geschriebenen Wort existiert.Barthes' Interesse am Dandytum zeigt sich auch in seiner Analyse von Autoren wie Charles Baudelaire und Oscar Wilde.

Er betrachtet den Dandy als eine Figur, die die Konventionen der Gesellschaft herausfordert und durch ihr bewusstes Spiel mit Erscheinung und Realität neue Formen der Selbstpräsentation schafft.

Dandytum in Prousts Werk

Marcel Proust bietet in „Auf der Suche nach der verlorenen Zeit" eine differenzierte Darstellung des Dandytums, insbesondere durch die Figur von Charles Swann. Swann verkörpert viele Eigenschaften des klassischen Dandys: Er ist kultiviert, stilbewusst und bewegt sich mühelos durch die oberen Gesellschaftsschichten.

Proust beschreibt Swanns Liebe zur Kunst und seine Fähigkeit, durch seinen Stil und seine ästhetischen Vorlieben eine einzigartige Identität zu schaffen.

Die äußere Erscheinung

Ein Beispiel für Swanns dandyhaften Lebensstil ist seine sorgfältige Auswahl von Kleidung und Accessoires, die seine ästhetischen Überzeugungen und seinen hohen Geschmack widerspiegeln. Proust zeigt, wie Swanns äußere Erscheinung eine tiefere Bedeutung hat und Ausdruck seines inneren Lebens und seiner ästhetischen Werte ist.

Ein weiteres Beispiel ist die Figur von Baron de Charlus, der in Prousts Werk eine noch intensivere Verkörperung des Dandytums darstellt. Charlus' Exzentrizität und sein bewusster Umgang mit Mode und Stil sind Ausdruck seiner Rebellion gegen gesellschaftliche Normen und Konventionen. Proust zeigt, wie Charlus durch sein dandyhaftes Verhalten eine komplexe und oft widersprüchliche Identität erschafft, die sowohl faszinierend als auch irritierend ist.

Selbstinszenierung

Sowohl Barthes als auch Proust nutzen das Konzept des Dandytums, um Fragen der Identität, der Selbstinszenierung und der ästhetischen Erfahrung zu untersuchen. Barthes' theoretische Reflexionen über Mode und Stil bieten eine analytische Perspektive auf das Dandytum, während Prousts literarische Darstellungen die lebendige und komplexe Natur dieser Lebensweise aufzeigen.

Barthes sieht den Dandy als eine Figur, die die Oberflächenstruktur der Kultur nutzt, um tiefere Bedeutungen zu erzeugen und soziale Normen zu hinterfragen. Proust hingegen zeigt durch seine Charaktere, wie das Dandytum eine Form der

Selbstverwirklichung und des Widerstands gegen die Konformität der Gesellschaft sein kann.

Durch die Linse des Dandytums können wir besser verstehen, wie Barthes und Proust die Beziehung zwischen Individuum und Gesellschaft, zwischen Erscheinung und Realität, und zwischen Stil und Substanz erkunden. Das Dandytum dient beiden Autoren als Mittel, um die Komplexität der menschlichen Erfahrung und die Rolle der Ästhetik in unserem Leben zu beleuchten.

Die Vita Nova des Dandys

Barthes spricht von der Notwendigkeit, eine „neue Schreibpraxis" zu entdecken, um ein „neues Leben" zu führen, ähnlich wie Michelet, der im Alter von einundfünfzig eine neue Phase seines Lebens begann. Diese „Vita Nova" erfordert eine intellektuelle und kreative Erneuerung, die über einfache intellektuelle Konversionen hinausgeht.

Für den Dandy bedeutet das, eine neue Form des Ausdrucks zu finden, die seine Existenz auf eine tiefere, bedeutungsvollere Ebene hebt.

Das Unerwartete

Das Dandytum ist nicht nur eine ästhetische Spielerei, sondern eine tief verwurzelte Lebensweise, die ständige Selbstreflexion und einen bewussten Umgang mit Konventionen erfordert. Der Dandy achtet die Konventionen, spielt aber mit ihnen, um das

Unerwartete zu tun und Überraschungen hervorzurufen.

In einer Gesellschaft, die von Heuchelei und Konformität geprägt ist, bleibt der Dandy eine subversive Figur, die die Normen herausfordert und eine einzigartige Identität erschafft.

Das Dandytum, wie es von Barthes und Proust beschrieben wird, ist mehr als nur eine stilistische Haltung; es ist eine existenzielle Philosophie, die tief in der menschlichen Erfahrung verwurzelt ist.

Die „Mitte des Lebens" und die transformative Kraft der Trauer spielen eine zentrale Rolle in der Entwicklung dieser Philosophie.

Durch die Reflexion über Tod, Trauer und die Suche nach neuen Formen des Ausdrucks zeigt das Dandytum, wie ästhetische und existenzielle Elemente miteinander verwoben sind. Barthes' und Prousts Werke bieten uns wertvolle Einblicke in diese komplexe und faszinierende Lebensweise, die auch heute noch relevant ist.

Kapitel 8

Krankheit und die Isolation

In den Alpen, auf 1200 Metern Höhe, steht ein Sanatorium, eine Zuflucht für diejenigen, die von der Tuberkulose heimgesucht wurden. Hier, abgeschieden von den großen Ereignissen des Lebens, finden sich Patienten wie Roland Barthes wieder, deren Leben durch die Krankheit auf den Kopf gestellt wurde.

Barthes, der sich hier unter der strengen Führung von Daniel Douady, dem ehemaligen Leiter der Gesundheitsabteilung im französischen Erziehungsministerium, einfindet, erlebt eine tiefe Entfremdung von der Welt, die er einst gekannt hat.

Die Tuberkulose hat Barthes von den sozialen und intellektuellen Zentren der Welt abgeschnitten. In der Höhenluft des Sanatoriums, abgeschirmt durch den Dent de Crolles vor den Nord- und Nordwestwinden, versucht er, sein Studium und sein Schreiben fortzusetzen.

Der Kiefernwald, der das Sanatorium umgibt, bietet ihm und den anderen Patienten die Möglichkeit, frische Luft zu tanken – eine Therapieform, die damals als eine der besten gegen die Krankheit galt. Die Isolation und das Gefühl, am Rande zu stehen, prägen seine Gedanken und Werke.

Das Sanatorium und Saint-Hilaire

Proust beschreibt, wie der Glockenturm von Saint-Hilaire sein unvergessliches Bild in den Horizont zeichnet, bevor noch Combray den Blicken erscheint. Diese Assoziationen zwischen Prousts und Barthes' eigener Realität schaffen eine Verbindung, die seine Isolation und sein Gefühl der Entfremdung noch verstärken.

Barthes' Aufenthalt im Sanatorium zwingt ihn zu einer tiefen Reflexion über sein Dasein.
Er ist nicht mehr Teil der großen gesellschaftlichen und intellektuellen Ströme, sondern ein Beobachter am Rande.

Diese Erfahrung der Abgeschnittenheit findet Ausdruck in seinen späteren Werken, wo die Themen Isolation, Krankheit und Tod immer wieder auftauchen.

Die Berge, die ihn umgeben, der Kiefernwald, die gesunde Höhenluft – all dies wird zu Symbolen einer neuen Realität, einer Wirklichkeit, die von der Krankheit und der damit verbundenen Isolation geprägt ist.

Literarische Parallelen und persönliche Realität

Barthes kann sich nicht dem Gedanken entziehen, dass sein Leben nun eine Parallele zu Prousts Beschreibungen zieht. Prousts Figuren erleben in der Abgeschiedenheit von Orten wie Combray tiefe, introspektive Momente, die ihre Identität und ihr Verständnis von der Welt prägen. Ebenso wird Barthes durch seine Isolation gezwungen, sich mit seinen innersten Gedanken und Gefühlen auseinanderzusetzen.

Diese Reflexionen finden später Eingang in seine Schriften, die sich mit Themen wie der Bedeutung von Erinnerungen, der Rolle der Krankheit und der Suche nach Sinn in einer fragmentierten Welt beschäftigen.

Die Spitze des Besonderen

Für Barthes wird die Erfahrung der Krankheit zur „Spitze des Besonderen", einem Moment, in dem er die Realität des Todes erkennt und akzeptiert.

Diese Erkenntnis, so schmerzhaft sie auch sein mag, wird zu einer Quelle tiefer intellektueller und emotionaler Auseinandersetzung. Barthes' „neues Leben" beginnt hier, in der Einsamkeit des Sanatoriums, wo er die Notwendigkeit erkennt, eine neue Form des Schreibens und Denkens zu finden – eine Form, die seine Erfahrungen und seine neue Sicht auf die Welt widerspiegelt.

Die Krankheit und die Isolation im Sanatorium prägen Roland Barthes auf tiefgreifende Weise. Wie Proust, dessen Beschreibungen von Saint-Hilaire und Combray eine tiefe Verbindung zu Barthes' eigener Realität herstellen, findet Barthes in der Abgeschiedenheit eine neue Perspektive auf sein Leben und sein Schaffen.

Die Reflexionen und Erkenntnisse, die aus dieser Zeit der Isolation hervorgehen, formen seine späteren Werke und bieten uns einen einzigartigen Einblick in die Gedankenwelt eines Mannes, der durch Krankheit und Isolation zu neuen intellektuellen Höhen gefunden hat.

Kapitel 9

Fragmentarische Reisen

Barthes und Proust, zwei Geister, die sich im Nebel der Sprache begegnen. Ihre Werke sind keine linearen Erzählungen, sondern Mosaike, Splitter eines zerbrochenen Spiegels. Barthes' Faszination für das Fragmentarische, sein Beharren darauf, dass das Leben selbst nur in Fragmenten erfahrbar ist, spiegelt sich in jedem seiner Werke wider.

Proust, mit seiner Suche nach der verlorenen Zeit, schafft es, diese Fragmente zu einem monumentalen Ganzen zu verweben, das dennoch immer wieder seine Zerbrechlichkeit offenbart.

Barthes' Methodik der Fragmentierung

Barthes' Schreibweise, ein Fluss aus Notizen, Zitaten, und abrupten Gedanken, fordert den Leser heraus, das Unzusammenhängende zu akzeptieren. Seine Arbeiten sind ein Spiel mit der Struktur, eine bewusste Verweigerung des Vollständigen.

Wie er selbst sagte: „Lieber die Trugbilder der Subjektivität als der Schwindel der Objektivität." Ein Buch, so Barthes, müsse nicht von Anfang bis Ende gelesen werden; vielmehr solle man Passagen überspringen, Teile daraus entnehmen, Schriftproben ziehen. Diesem Ansatz folgend, zergliedert er seine Lektüreerfahrungen und führt uns durch die Trümmerlandschaften des Textes.

Christian Linders Spurensuche im Werk von Barthes

Christian Linder widmet sich in seinem Sammelband „Noten an den Rand des Lebens – Portraits und Perspektiven" der fragmentarischen Methode Barthes' und beleuchtet diese in beeindruckender Tiefe.

Er beschreibt Barthes nicht nur als Wissenschaftler, Linguist, Strukturalist und Semiologe, sondern auch als einen Autor, dessen Werke als intellektuelle Spiel- und Kultbücher wie „Am Nullpunkt der Literatur", „Mythen des Alltags", „Die Lust am Text", „Sade Fourier Loyola" oder „Fragmente einer Sprache der Liebe" bekannt sind.

Trugbilder der Subjektivität

Linder hebt hervor, dass Barthes eine besondere Form der Lektüre und des Schreibens praktiziert. Sein publizistisches Schaffen zielte nicht auf ein komplexes und unumstößliches Gedankengebäude ab – im Gegensatz zu Jean-Paul Sartre.

Barthes bevorzugte die Trugbilder der Subjektivität und das Imaginäre des Subjekts gegenüber der objektiven Zensur. Nachdem Barthes die großen schützenden und bequemen Denksysteme hinter sich gelassen hatte und in die offene Weite einer ungeschützten Subjektivität aufgebrochen war, legte er es darauf an, in seinem Schreiben den äußeren Inhalt eines Buches völlig außer Acht zu lassen. Linder beschreibt Barthes' Lektürepraxis als revolutionär. Das klingt nach dem "Netznavigator" Johann Gottfried Herder, der in seinem Reisejournal die Kulturtechnik der kursorischen Lektüre entwickelte. Er wird zum Läufer, zum Cursor, der im virtuellen Raum der Gelehrtenbibliothek zwischen Texten durcheilt und in dieser schnellen Bewegung neue Querverbindungen schafft.

Es sei ein methodisches Verfahren, das ihm die Lizenz zum Flüchtigen gibt. In der so genannten „percursio"- im Durchlauf – darf aufgezählt und angehäuft werden, ohne dass es jeweils einer expliziten Behandlung der einzelnen Elemente bedarf. Herder praktiziert die gelehrte Lizenz, Materialmengen „aufs Geratewohl" zu durcheilen.

Auch Barthes las Bücher nicht vollständig, sondern extrahierte Teile, zog Schriftproben und übersprang Passagen. Diese Methode erlaubte ihm, in der fragmentarischen Welt des Textes zu navigieren und neue Querverbindungen zu schaffen.

Die Zusammenhanglosigkeit zog Barthes der Ordnung vor, konzentrierte sich auf das „Rauschen der Sprache" und schuf Bücher, die aus kurzen, eruptiven Zwischen-Texten, Apercus, bestanden.

Die biographischen Fragmente

In Barthes' „Roland Barthes par Roland Barthes" vermischt sich Leben und Werk, Biographie und Fiktion zu einem kaleidoskopischen Selbstporträt. Proust, in seiner „Recherche", durchläuft einen ähnlichen Prozess, indem er seine Erinnerungen und die seiner Figuren kunstvoll ineinander webt. Für Barthes ist das Fragment nicht nur eine literarische Technik, sondern eine Lebensweise.

Er schreibt in Fragmenten, lebt in Fragmenten, und sieht die Welt als ein Puzzle, das niemals vollständig zusammengesetzt werden kann.

Der Ort des Schreibens

Barthes skizziert den Raum des Schreibens als heilig. Das Zimmer, die Lampe, die Stille – all dies sind Elemente, die das Schreiben ermöglichen. Proust teilt diese Faszination für den Schreibort.

In seinem berühmten Korkzimmer schuf er ein Universum der Stille, abgeschottet von der Außenwelt. Für beide Autoren ist der Ort des Schreibens ein Refugium, ein Raum der Transformation, in dem die Fragmente des Lebens zu Text werden.

Die „Spitze des Besonderen"

Prousts Konzept der „Spitze des Besonderen", jene Momente intensiver emotionaler Erfahrung, findet sich auch in Barthes' Werk wieder. Für Barthes sind diese Spitzen die Augenblicke der Wahrheit, in denen das Subjekt das Skandalon der menschlichen Existenz berührt: dass es Tod und Liebe gleichzeitig gibt. Diese Augenblicke sind nicht enthüllend, sondern markieren das Auftauchen des Uninterpretierbaren, das Ende des Sagbaren.

Fragmentarische Existenz

Barthes' und Prousts Werke sind Zeugnisse einer fragmentarischen Existenz, in der das Leben selbst als eine Aneinanderreihung von Momenten, Erinnerungen und Eindrücken erfahren wird. Beide Autoren schaffen es, diese Fragmente literarisch zu transformieren und somit das Fragmentarische als grundlegendes Prinzip der menschlichen Erfahrung zu verankern.

Ihre Werke bleiben unvollendet, offen für neue Deutungen, wie ein endloser Prozess des Schreibens und Lesens, der niemals zur Ruhe kommt.

Barthes und Proust zeigen uns, dass das Leben und das Schreiben untrennbar miteinander verbunden sind. Ihre fragmentarischen Werke bieten keine einfachen Antworten, sondern fordern uns heraus, in den Zwischenräumen zu suchen, in den Bruchstellen der Texte die Wahrheit zu finden.

Ihre Texte sind Reisen ohne festes Ziel, Karten eines Territoriums, das wir immer wieder neu erkunden müssen.

Kapitel 10
Zeugnisse einer fragmentarischen Existenz
Die intellektuelle Maschine anhalten
Der Brief als Manifest

Ein Wintertag in Paris, 7. Januar 1973. Roland Barthes schreibt an Georges Raillard, seinen Freund und intellektuellen Weggefährten. Der Brief ist eine Offenbarung, eine Erkundung der Grenzen intellektueller Verpflichtungen und persönlicher Freiheit. Barthes, immer bedacht auf die Balance zwischen Arbeit und Erholung, offenbart seine Notwendigkeit des Rückzugs:

„Es gibt eine Zeit im Jahr, in der man das Recht haben muss, die intellektuelle Maschine anzuhalten." Barthes' Verlegenheit, Raillard abzusagen, ist spürbar. Die intellektuelle Maschine, die unaufhaltsam tickt, fordert Tribut. Letztes Jahr hat das Kolloquium über Georges Bataille ihm den Urlaub gekostet. Dieses Jahr weigert sich Barthes, den gleichen Fehler zu wiederholen. Die Urlaubsreise, diese Flucht vor der ständigen intellektuellen Belastung, muss vorangehen. Ein notwendiges Innehalten, um die geistige Frische zu bewahren.

Georges Raillard
und die intellektuelle Freundschaft

Georges Raillard, selbst ein bedeutender Gelehrter und Kritiker, ist mehr als nur ein Kollege für Barthes.

Ihre Korrespondenz zeigt die Tiefe ihrer intellektuellen Beziehung. Raillard versteht Barthes' Bedürfnis nach Rückzug und schöpferischer Pause.

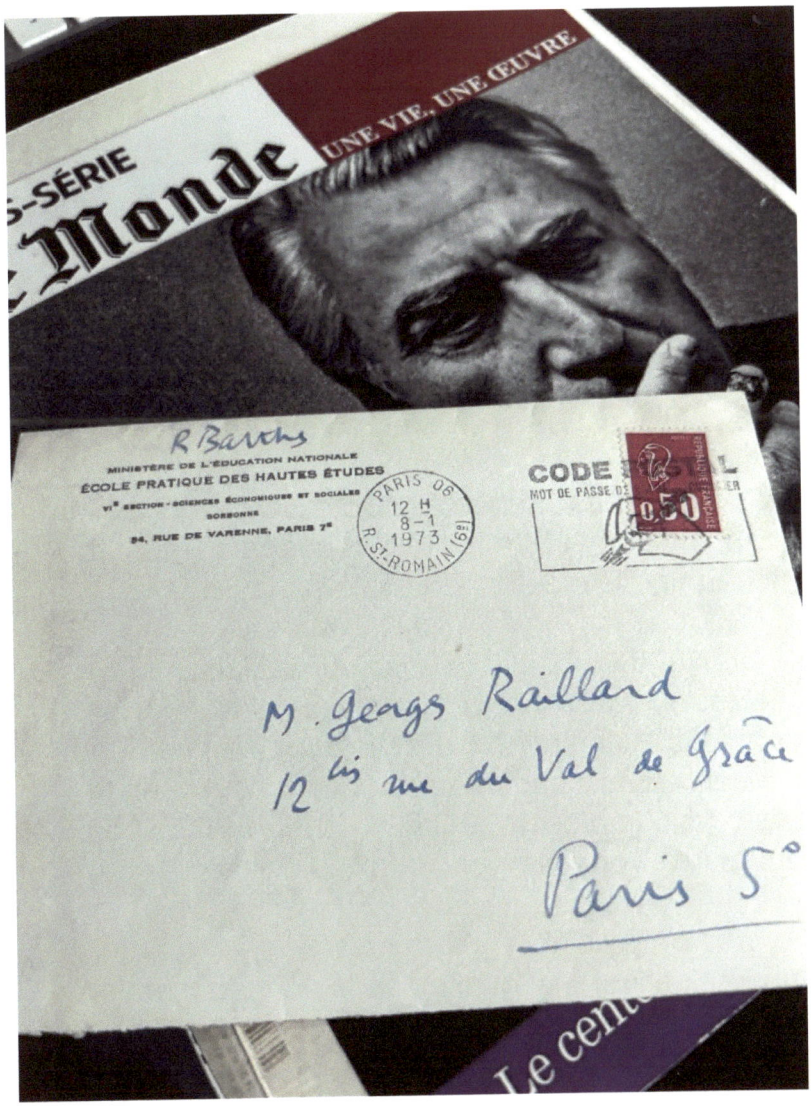

Diese Freundschaft bietet Barthes den Raum, seine Gedanken frei zu äußern, ohne die Last formeller Verpflichtungen.

Wiederbelebung des Denkens von Bataille

Das Jahr 1973 markiert einen Wendepunkt in Barthes' Auseinandersetzung mit Georges Bataille. Es ist eine Phase intensiver intellektueller Auseinandersetzung, in der Barthes sich zunehmend von etablierten Denksystemen löst und neue, subversive Denkansätze erkundet.

Sein Interesse an Bataille geht über die offensichtlichen Themen wie Erfahrung und Opfer hinaus. Es sind die strukturellen Operationen der Verdrängung und Subversion, die Barthes faszinieren und ihn in eine tiefere Reflexion über die Natur von Zeichen und Bedeutungen führen.

Bereits 1972 verfasste Barthes einen Artikel über Batailles „Le gros orteil", einen scheinbar trivialen, doch tiefgründigen Text, der die symbolischen und philosophischen Implikationen des großen Zehs untersucht. In diesem Artikel erkennt Barthes das subversive Potenzial von Batailles Denken.

„Le gros orteil" dient nicht nur als Beispiel für die Subversion konventioneller Bedeutungen, sondern auch als ein Modell für die verborgenen Mechanismen der Bedeutung, die in den Randbereichen des kulturellen Diskurses operieren.

Der große Zeh und die Subversion

Barthes sieht in Batailles Werk eine Möglichkeit, seine eigenen Theorien über die Zersetzung und Transformation von Zeichen und Bedeutungen weiterzuentwickeln.

Bataille, der sich mit den abgründigen und oft verdrängten Aspekten der menschlichen Erfahrung beschäftigt, bietet Barthes eine neue Perspektive auf die Dynamiken der Bedeutungserzeugung. Für Barthes sind es nicht die offensichtlichen Bedeutungen, die zählen, sondern die verschlungenen Pfade, durch die Bedeutungen unter der Oberfläche der Sprache und Kultur entstehen und subversiv wirken.

In „Le gros orteil" dekonstruiert Bataille die kulturellen und symbolischen Hierarchien, indem er den großen Zeh – ein Körperteil, der in der westlichen Kultur oft als unbedeutend oder gar schmutzig betrachtet wird – in den Mittelpunkt seiner Analyse stellt.

Durch diese Umkehrung zeigt Bataille, wie Bedeutungen konstituiert und gleichzeitig unterdrückt werden. Barthes erkennt in dieser Methode eine Parallele zu seinen eigenen Arbeiten, insbesondere zu seinen Untersuchungen über Mythen und die alltägliche Kultur, wie sie in „Mythen des Alltags" präsentiert werden.

Barthes nutzt Batailles Ansatz, um die Zersetzung und Neuordnung von Zeichen zu untersuchen. Indem er die Mechanismen der Verdrängung und Subversion analysiert, entwickelt er eine Theorie, die die Fluidität und Instabilität von Bedeutungen betont.
Diese Theorie widerspricht der traditionellen Auffassung von Zeichen als festen und stabilen Einheiten.

Stattdessen betrachtet Barthes Zeichen als dynamische Konstrukte, die ständig im Fluss sind und durch subversive Praktiken transformiert werden.

Neue theoretische Ansätze

Diese Wiederbelebung des Denkens von Bataille hat tiefgreifende Auswirkungen auf Barthes' spätere Arbeiten. Sie ermöglicht es ihm, neue theoretische Ansätze zu entwickeln und sein Verständnis von Literatur und Kultur zu vertiefen.

Die Auseinandersetzung mit Bataille öffnet Barthes die Augen für die subversive Kraft des Fragmentarischen und des Verdrängten, die er in seinen Analysen weiterverfolgt und in seinen Schriften thematisiert.

Indem Barthes Batailles Werk neu interpretiert und in seine eigenen Theorien integriert, schafft er eine Synthese, die die subversiven Elemente in beiden Denkern hervorhebt. Diese intellektuelle Begegnung zeigt, wie bedeutend Batailles Einfluss auf Barthes' Denken ist und wie Barthes durch diese

Wiederbelebung des Denkens von Bataille neue Wege findet, die Komplexität der Zeichen und Bedeutungen in der Kultur zu analysieren und zu verstehen.

Proust und Bataille

Georges Bataille hat sich nicht explizit und umfangreich mit Marcel Proust beschäftigt, dennoch gibt es Verbindungen und Erwähnungen in seinen Schriften. In seinem Buch „Literature and Evil" behandelt Bataille verschiedene Autoren und ihre Werke, darunter prominente Figuren wie Emily Brontë, Baudelaire, Sade, Kafka und Sartre, aber auch Marcel Proust. Bataille's Interesse konzentrierte sich auf die transgressiven Aspekte der Literatur, einschließlich der Themen Gewalt, Erotik und Mythos, welche indirekt auch in Prousts Werk vorhanden sind.

Besonders faszinierend für Bataille war die Art und Weise, wie Literatur das Böse und das Verbotene behandelt und welche philosophischen und symbolischen Bedeutungen sie tragen kann.

Bataille's Ansatz zur Literatur und Subversion kann im Kontext von Barthes' und Prousts Arbeiten als eine Art theoretische Brücke gesehen werden.

Barthes' Wiederbelebung von Batailles Denken konzentriert sich insbesondere auf die strukturellen Operationen der Verdrängung und Subversion, die auch in Prousts Werk eine Rolle spielen.

Kapitel 11

Zwischen Bordell-Hotel und platonischer Liebe
Proust-Matinée

Mit einem wissenden Lächeln eröffnete Professor Reiner Speck die Matinée der Marcel-Proust-Gesellschaft, indem er humorvoll auf die späte Beginnzeit der Veranstaltung hinwies.

„Matinée", so erklärte er, könne laut Larousse auch am Mittag beginnen und bis in den späten Nachmittag andauern. Diese flexible Auslegung ehre nicht zuletzt Marcel Proust selbst, der oft erst gegen 16 Uhr erwachte. Diese Bemerkung lockerte die Atmosphäre und brachte die Anwesenden zum Schmunzeln.

Literarische und musikalische Intermezzi

Die Matinée war reich an literarischen und musikalischen Höhepunkten. Ein besonderes Augenmerk lag auf dem Vortrag über „Petrarcas Amor als Inbegriff der Lyrik", gehalten von Professor Karl Philipp Erbrock von der Universität Konstanz.
Er vertiefte sich in die poetische Darstellung von Liebe und Sehnsucht, die sowohl Petrarca als auch Proust in ihren Werken meisterhaft einfingen. Die musikalische Begleitung durch Stücke Mozarts, deren Klarheit und Schönheit die literarischen Darbietungen wunderbar ergänzten, schuf eine harmonische Symbiose zwischen Wort und Klang.

Eine Exkursion in Prousts Welt

Jacques Letertre, Pariser Literaturwissenschaftler und Inhaber mehrerer literarischer Hotels in Frankreich, war in Köln, um die Zuhörer in die Welt von Marcel Proust und dessen schillerndem Umfeld zu entführen. Mit ihm auf der Bühne: Jürgen Ritte, der als Moderator fungierte.

"Marcel Proust," begann Letertre, seine Stimme sanft und doch durchdringend, "ist nicht nur der Autor eines der bedeutendsten Werke der Weltliteratur. Er war ein Mann voller Geheimnisse, Obsessionen und unerwarteter Verbindungen." Die Zuhörer rückten auf ihren Sitzen nach vorne, wie um jedes Wort besser einfangen zu können.

Elite zwischen opulenten Möbeln und diskreten Vorhängen

Letertre, bekannt für seine lebhafte Erzählweise, begann, von seiner einzigartigen Sammlung seltener Autografen und Devotionalien zu berichten, die er in seinen literarischen Hotels ausstellt. „In unseren Hotels soll man nicht nur schlafen, man soll träumen, sich verlieren in den Geschichten und den Menschen, die diese Orte geprägt haben."

Besonders eindrucksvoll war Letertres Schilderung eines Bordell-Hotels, das Proust frequentierte und als Schauplatz für seine literarischen Recherchen nutzte.

„Die Verbindung von Erotik und Literatur," so Letertre, „findet in diesen Begegnungen eine faszinierende Synthese. Proust war ein Beobachter der menschlichen Natur in all ihren Facetten. Diese Hotels sind nicht nur Schauplätze, sie sind lebendige Museen seiner Werke und seines Lebens."

Er hielt einen Moment inne, ließ den Satz wirken, dann fuhr er fort: „Stellen Sie sich ein Hotel vor, das in den frühen 1900er Jahren die feinsten Herren von Paris anzog. In diesen Räumen, zwischen den opulenten Möbeln und den diskreten Vorhängen, traf sich die Elite – nicht nur zur Befriedigung ihrer körperlichen Gelüste, sondern auch, um über Kunst, Literatur und das Leben selbst zu sprechen. Proust fand hier eine Quelle unerschöpflicher Inspiration. Die Beobachtungen, die er in diesen Bordellzimmern machte, flossen direkt in seine literarischen Werke ein."

Soziale Maskerade

Letertre beschrieb das Ambiente dieses Bordell-Hotels mit solcher Detailgenauigkeit, dass die Zuhörer förmlich den schweren Duft von Parfüm und Zigarrenrauch riechen konnten. „Proust," fuhr er fort, "war kein bloßer Voyeur. Er war ein aktiver Teilnehmer, ein Mensch, der sich in die Tiefen der menschlichen Erfahrung stürzte. Diese Erlebnisse, die er in den Bordellen sammelte, gaben ihm ein Verständnis für das menschliche Verlangen und die sozialen Maskeraden, die kaum irgendwo so deutlich zu beobachten waren wie dort."

Mit jedem Satz, den Letertre sprach, wurde die Welt Prousts lebendiger. Er erzählte von den geheimen Treffen, von den flüsternden Gesprächen in abgedunkelten Räumen und von den vergilbten Briefen, die so viele Geheimnisse hüteten.

Ein Brief, besonders eindrucksvoll, war an Albert Le Cuziat geschrieben, einem engen Freund und Berater Prousts. Letertre holte ein Faksimile des Briefes hervor, ließ es durch das Publikum gehen. „Dieser Brief," sagte er, „ist ein Stück Geschichte. Geschrieben 1913, in einer Zeit, in der Prousts Leben von Krankheit und literarischer Obsession geprägt war. Die Handschrift, einst elegant und klar, wurde zunehmend zittrig und unleserlich. Aber der Inhalt – der Inhalt ist von unschätzbarem Wert."

Ritte übernahm kurz das Wort, um den Kontext des Briefes zu erläutern. „Albert Le Cuziat war nicht nur ein Finanzberater für Proust. Er war eine wichtige Figur in seinem Leben, jemand, der ihn in vielen Dingen unterstützte und beriet."

Der Brief, den Letertre präsentierte, enthielt nicht nur finanzielle Ratschläge, sondern auch persönliche Gedanken und Reflexionen, die Prousts tiefste Ängste und Hoffnungen offenbarten. „Es gibt einen Satz in diesem Brief," fuhr Letertre fort, „der mich jedes Mal tief berührt: 'Das Leben vergeht, und wir sehen nie die Menschen, die wir lieben, so oft wie wir möchten.' Proust hatte eine Sehnsucht, eine ständige Melancholie, die sein ganzes Werk durchzieht."

Die Zuhörer waren gefesselt, konnten nicht genug bekommen von Letertres Schilderungen.
Es war, als ob Proust selbst durch seine Worte lebendig wurde, als ob die Wände des Saales zu den Wänden eines der literarischen Hotels verschmolzen, in denen Proust seine Abende verbrachte.
Die Verbindung von Erotik und Literatur, die Letertre so eindrucksvoll darstellte, zeigte Proust in einem neuen Licht.

Nicht nur als den kränklichen, zurückgezogenen Schriftsteller, sondern als einen Mann, der das Leben in all seinen Facetten erforschte, der die Tiefen der menschlichen Seele auslotete und dabei keine Tabus kannte.

Als das Gespräch sich dem Ende zuneigte, gab es minutenlangen Applaus. Letertre hatte nicht nur über Proust gesprochen, er hatte ihn zum Leben erweckt.

Vom Bordell in den Knast

Und dann erzählte Letertre von einer der schockierendsten Episoden in Prousts Leben – der Polizeirazzia im Bordell-Hotel. „Im Jahr 1918 wurde das Hotel, das Proust so oft besucht hatte, von der

Polizei durchsucht. Eine anonyme Anzeige hatte die Behörden auf den Plan gerufen. Sie fanden mehrere Personen in flagranti, darunter auch Minderjährige – das war das eigentliche Problem, das zur zeitweiligen Schließung des Hotels führte."

Die Zuhörer hielten den Atem an. „Unter den Verhafteten waren Minderjährige, Soldaten und ein gewisser Proust, Marcel, damals 48 Jahre alt, der angab, Rentier zu sein. Diese Episode führte zu seiner Vorstrafe – ein Makel, der ihm sehr zusetzte und sein Ansehen in der Gesellschaft beschädigte."

Ritte nickte und fügte hinzu: „Diese Geschichte war lange Zeit in Vergessenheit geraten, bis vor etwa zehn Jahren eine Historikerin im Pariser Polizeiarchiv auf die entsprechenden Dokumente stieß.

Sie fand das Polizeiprotokoll, das auch bei einer großen Proust-Ausstellung in der Nationalbibliothek gezeigt wurde."

Marcel-Proust-Preis für Bernd-Jürgen Fischer: Ein Meilenstein der Übersetzungskunst

Im festlichen Rahmen der Proust-Matinée im Winter 2023 wurde Bernd-Jürgen Fischer mit dem Marcel-Proust-Preis ausgezeichnet, eine Ehrung, die seine herausragende Leistung bei der Übersetzung von Marcel Prousts „Auf der Suche nach der verlorenen Zeit" würdigt. Die Laudatio, gehalten von Rainer

Moritz, zeichnete ein umfassendes Bild von Fischers beeindruckendem Lebenswerk und seiner beispiellosen Hingabe zur Literatur.

Eine unverwechselbare Stimme der Übersetzung

Rainer Moritz hob in seiner Laudatio die Bedeutung von Fischers Arbeit hervor und betonte, dass seine Übersetzung ein Meilenstein für die deutsche Proust-Rezeption sei. Moritz begann mit einem humorvollen Hinweis auf die Übersetzungsarbeit, die oft im Verborgenen stattfindet und erst durch das fertige Werk sichtbar wird.

Er erzählte von den Herausforderungen, denen sich Fischer während seiner über zehnjährigen Arbeit gegenübersah und wie er diese mit Bravour meisterte.

Vom Mathematiker zum Meisterübersetzer

Bernd-Jürgen Fischer wurde in Gardelegen, Sachsen-Anhalt, geboren und begann seine akademische Laufbahn zunächst in Mathematik und Physik, bevor er zur Linguistik und Informatik an der TU Berlin wechselte, wo er 1979 in Linguistik promovierte.

Als Dozent im Fachbereich Germanistik an der Freien Universität Berlin entwickelte er eine tiefe Leidenschaft für die Literatur. Diese Leidenschaft führte ihn schließlich zur Übersetzungsarbeit, die ihn bekannt machte.

Die Entdeckung Prousts: Bibel für Agnostiker

Wie Fischer in seiner Dankesrede erzählte, begann seine Faszination für Proust während seiner Bundeswehrzeit, als er die „Recherche" als „Bibel für Agnostiker" las.

Doch erst 2001 in Vietnam, als er aufgrund mangelnder Lektüreoptionen zur Pleiade-Ausgabe von Prousts Werk griff, begann er ernsthaft mit der Übersetzung. Zurück in Berlin wagte er sich zunächst an einzelne Passagen, dann an den gesamten ersten Band – und schließlich an das monumentale Werk in seiner Gesamtheit.

Zehn Jahre Hingabe

Fischer arbeitete über zehn Jahre lang ohne verlagstechnische Unterstützung an der Übersetzung. In dieser Zeit vertiefte er sich intensiv in die Materie, oft isoliert in seinem Arbeitszimmer, was Moritz als „Klischee des einsamen Übersetzers" bezeichnete. Diese Isolation führte jedoch zu einer besonders authentischen und sorgfältigen Übersetzung, die heute als eine der besten gilt.

Ein Werk aus einer Hand

Ein bemerkenswerter Aspekt von Fischers Arbeit ist, dass seine Übersetzung aus einer Hand stammt. Dies steht im Gegensatz zu früheren, teils kollaborativen Übersetzungen, die oft stilistische Uneinheitlichkeiten aufweisen. Fischer arbeitete ohne institutionelle Anbindung und finanzielle Sicherheit, was seiner Arbeit eine besondere Unabhängigkeit und Authentizität verlieh. Seine Frau drängte ihn schließlich, die Übersetzung zu veröffentlichen – ein Anstoß, der zur Kontaktaufnahme mit dem Reclam Verlag führte.

Reclam Verlag und die Veröffentlichung

Der damalige Verleger des Reclam Verlags, Frank Rainer Max, erkannte sofort die Bedeutung von Fischers Arbeit und entschied sich, die Übersetzung zu veröffentlichen. Dies führte 2013 zur Veröffentlichung des ersten Bandes, und 2016 war die siebenteilige Edition abgeschlossen. Diese Ausgabe wird heute als Meilenstein der deutschen Proust-Rezeption angesehen und hat das Verständnis und die Wertschätzung von Prousts Werk maßgeblich beeinflusst.

Die Bedeutung von Fischers Arbeit

Die Übersetzung von Prousts „Recherche" durch Fischer wurde von der literarischen Gemeinschaft begeistert aufgenommen. Moritz betonte, dass die Reaktionen auf Fischers Arbeit zeigten, wie sehr sie die Gemüter bewegte und Diskussionen anregte. Die Übersetzungen von Fischer und die Kommentare zur Frankfurter Ausgabe von Luzius Keller stehen nun nebeneinander und bieten ein reichhaltiges Spektrum für die Leser.

Kritische Stimmen und Lob

Natürlich gab es auch kritische Stimmen. Martin Mosebach etwa verglich Fischers Arbeit mit früheren Übersetzungen und fand sie teilweise unzureichend. Moritz jedoch wies darauf hin, dass solche Vergleiche oft zu kurz greifen und dass es vielmehr um den „großen Ton" gehe – und diesen treffe Fischer meisterhaft. Die kritischen Anmerkungen zur Detailarbeit sind unvermeidlich, doch die Gesamtleistung von Fischer bleibt unbestritten.

Beim Sex vermisst man Proust nicht allzu sehr

In seiner Laudatio erwähnte Moritz auch die französische Autorin Camille Laurens, deren Roman „So wie du mich willst" kürzlich auf Deutsch erschienen ist. Laurence, Mitglied der Académie Goncourt, stellt in ihrem Buch eine 48-jährige Literaturdozentin ins Zentrum, die sich mit ihrer Identität in den sozialen Medien auseinandersetzt.

Sie schreibt:
„Ich war mit den Männern intellektuellere Beziehungen gewohnt, ich gehöre zu diesen Menschen, die sich fragen, wie man leben kann, ohne Proust gelesen zu haben. Über das Wetter zu reden statt über die gesellschaftliche Großwetterlage, über

Fernsehserien statt über die Macht der Lust, von der Oberfläche und nicht von dem, was darunter verborgen liegt, das war neu für mich.

Nun ja, mit Jo war es nicht viel anders, doch die physische Präsenz machte alles wett, Sinnlichkeit kommt ohne Worte aus, beim Sex vermisst man Proust nicht allzu sehr. Es kam also durchaus vor, dass ich mit dem Vorsatz auflegte, ihn nicht mehr anzurufen, da es nie einen Körper geben konnte. Doch das Verlangen nach ihm wurde stärker und stärker, seine Stimme, sein Bild hatten von mir Besitz ergriffen. Im Traum streichelte ich die Teile seines Körpers, die ich auf den Fotos sehen konnte: seinen Hals, seine Schultern, seinen Mund. Und so gingen die Gespräche auf Facebook immer weiter."

Kapitel 12
Roland Barthes und das literarische „Le Monde"

„Le Monde", die Zeitung, die sich seit ihrer Gründung im Jahr 1944 als intellektuelle Instanz etabliert hat, bildete für Roland Barthes eine Bühne, auf der seine Ideen und Gedanken nicht nur geteilt, sondern auch herausgefordert wurden.

In den turbulenten Jahrzehnten von den 1950ern bis zu den 1970ern, einer Zeit geprägt von politischem und intellektuellem Aufruhr, formte Barthes eine einzigartige Perspektive auf Literatur, Kultur und Gesellschaft.

Roland Barthes: Ein Individuum multiple

„BARTHESA TQUJOURS EUL ESOUCID'ÊTRE UN INDIVIDU MULTIPLE", so beschreibt Eric Marty, ein enger Freund und Herausgeber von Barthes' gesammelten Werken, den unaufhörlichen Drang Barthes', sich als facettenreiche Persönlichkeit zu verstehen und zu präsentieren. Barthes' Werk und Denken zeugen von einer ständigen Bewegung, einem Vermeiden jeder festen Kategorisierung oder metaphysischen Starre.

Diese Dynamik, die seine Modernität ausmacht, zeigt sich besonders in seiner Weigerung, sich auf eine einzige intellektuelle Rolle festzulegen. War er ein Kritiker? Ein Essayist? Ein Philosoph? Barthes selbst strebte nach der Fragmentierung seines Ichs, nach der Multiplizität seiner Identitäten. Diese fragmentierte Identität wird durch Barthes' vielfältige Beiträge in Le Monde sichtbar, wo er als Kritiker, Theoretiker und Intellektueller seine Gedanken entfalten konnte.

Seine Beiträge sind nicht nur Zeugnisse seiner intellektuellen Schärfe, sondern auch seiner Fähigkeit, die komplexe Beziehung zwischen Autor und Werk zu hinterfragen und neu zu definieren.

Der Angriff auf die traditionelle Kritik

In "Le Degré zéro de l'écriture" erklärt Barthes, dass der Autor nur eine geringe Bedeutung hat und dass der Text selbst im Vordergrund stehen sollte.

Diese Position vertrat er in einer Zeit, in der die traditionelle Kritik den Autor als Schlüssel zum Verständnis eines Werkes betrachtete.

Barthes stellte diese Sichtweise auf den Kopf, indem er das Werk als eine Tür zum Autor betrachtete, nicht umgekehrt. Diese Verschiebung war keine dogmatische, sondern eine, die sich ständig in Bewegung befand, die Kategorien verschob und die Modernität in der fortwährenden Vermeidung fester Denkstrukturen fand. Barthes' Abneigung gegen festgefahrene Interpretationen spiegelt sich in seiner modernen Perspektive wider, die er durch seine Arbeiten in „Le Monde" artikulierte.

Indem er das Werk vor den Autor stellte, ermöglichte er neue Lesarten und Interpretationen, die jenseits der traditionellen Kategorien lagen und die literarische Kritik revolutionierten.

Intellektuelle Freundschaften und politische Distanz

Die intellektuelle Szene der zweiten Hälfte des 20. Jahrhunderts war geprägt von Persönlichkeiten wie Lacan, Deleuze und Foucault, die sich ebenfalls nicht in festen Bahnen bewegten. Barthes war ein Teil dieser intellektuellen Elite, doch er zeichnete sich durch seine einzigartige Art und Weise aus, sich den konventionellen Erwartungen zu entziehen.

Während seiner Freundschaften mit diesen Denkern bewahrte er sich eine gewisse politische Distanz, die sich in seiner kritischen Haltung gegenüber dogmatischen Positionen zeigte.

Ein bemerkenswertes Beispiel für diese Distanz ist seine Weigerung, das "Manifeste des 121" während des Algerienkrieges zu unterzeichnen, weil es für ihn politisch naiv war und dem FLN zu viel Raum gab. Diese Haltung setzte sich auch in den turbulenten Zeiten des Mai 68 fort, als Barthes zwar nicht auf den Barrikaden war, aber durch seine Schriften wie "Sur Racine" und seine Angriffe auf die orthodoxe Universitätswelt die intellektuellen Grundlagen für den Protest legte.

Die Mythologien: Politische Subversion und ästhetische Kritik

Barthes' „Mythologies" sind ein Schlüsselelement seines politischen und ästhetischen Denkens. Diese Sammlung kurzer Essays, die erstmals 1957 veröffentlicht wurden, dekonstruiert die Alltagsmythen der bürgerlichen Gesellschaft. Barthes zeigt, wie diese Mythen als ideologische Werkzeuge fungieren, die die bestehende soziale Ordnung aufrechterhalten.

Obwohl diese Texte nicht explizit militant sind, bieten sie eine kritische Lesart der kulturellen Zeichen und Praktiken ihrer Zeit und schaffen so eine politische Subversion durch ästhetische Kritik. In seinen Beiträgen für Le Monde setzte Barthes diese Methodik fort und untersuchte die Art und Weise, wie kulturelle Phänomene als Träger ideologischer Botschaften fungieren. Diese dekonstruktive Herangehensweise ermöglichte es ihm, die verborgenen Machtstrukturen hinter den scheinbar neutralen Darstellungen des Alltagslebens aufzudecken.

Die Fotografie und das Bild: Eine visuelle Semiotik

Barthes' spätere Werke, insbesondere „La Chambre claire", markieren einen wichtigen Übergang in seiner Beschäftigung mit Bildern und Fotografie. In diesem

Werk untersucht er die ontologischen und emotionalen Aspekte der Fotografie und führt die Begriffe „Studium" und „Punctum" ein, um die Wirkung von Bildern zu analysieren. Diese Begriffe sind zentral für das Verständnis von Barthes' visuellem Denken, da sie die subjektive und oft emotionale Reaktion des Betrachters auf ein Bild beschreiben.

In seinen Artikeln für „Le Monde" reflektierte Barthes häufig über die Rolle der Bilder in der modernen Gesellschaft und wie diese Bilder unsere Wahrnehmung der Realität formen. Seine Analysen gingen dabei über die reine Beschreibung hinaus und boten tiefgreifende Einsichten in die Macht und die Manipulation von Bildern in der Medienkultur.

Roland Barthes' Erbe: Ein Aufruf zur Gegenwartsbewältigung

44 Jahre nach seinem Tod bleibt Barthes' Einfluss auf die moderne Literatur- und Kulturtheorie ungebrochen. Seine Arbeiten bieten nicht nur eine kritische Reflexion über die kulturellen Praktiken seiner Zeit, sondern auch Werkzeuge, um die heutigen gesellschaftlichen Herausforderungen zu verstehen. Barthes lehrt uns, dass es nicht genügt, die Vergangenheit zu analysieren, sondern dass wir unsere eigene Gegenwart aktiv gestalten und kritisch hinterfragen müssen.Barthes' Beiträge in „Le Monde" sind ein Zeugnis seines intellektuellen Erbes. Sie zeigen einen Denker, der sich nie mit einfachen

Antworten zufrieden gab und stets die Komplexität und Widersprüchlichkeit der Welt erkannte.

Indem wir Barthes' Werke lesen und seine Methoden anwenden, können wir lernen, die verborgenen Strukturen und Bedeutungen unserer eigenen Zeit zu entschlüsseln und kritisch zu hinterfragen.

Kapitel 13

Eine fiktive Nacht der Theorie
*mit Heiner Müller, Louis Althusser
und Roland Barthes*

Es war einer dieser Tage, an denen der Berliner Himmel so grau und drückend war, dass selbst die Staubkörner in den Sonnenstrahlen ihre Lebendigkeit verloren hatten. In einem Café, das von Künstlern, Intellektuellen und dem Rest der Berliner Bohème bevölkert war, saß Heiner Müller, tief versunken in seine Notizen, als ein unerwarteter Gast hereinkam: Louis Althusser.

Intellektuelle Kollisionen in Berlin

Althusser, der französische Marxist und Philosoph, war gerade in Berlin, um eine Vorlesungsreihe zu halten. Es war die Art von intellektueller Kollision, die nur in einer Stadt wie Berlin möglich war, wo Theorien und Zigarettenrauch gleichermaßen die Luft füllten.

Müller, der für seine scharfsinnigen Dramen und seine zynische Sicht auf die Welt bekannt war, hatte immer eine gewisse Faszination für Althusser's düstere Geschichte – vor allem die Ermordung seiner Frau, ein Ereignis, das in den intellektuellen Kreisen oft hinter vorgehaltener Hand besprochen wurde.

„Heiner, es ist immer eine Überraschung, dich zu treffen," sagte Althusser, als er sich zu Müller an den Tisch setzte.

Tragödien sind unvermeidlich

Er bestellte einen schwarzen Kaffee, den die Kellnerin mit einem Lächeln brachte, als ob sie die Bedeutung dieser Begegnung verstanden hätte. „Louis, du hast wohl rechtzeitig für eine Tragödie hierher gefunden," antwortete Müller trocken und zog an seiner Zigarette. „Ich habe mich gefragt, wann du wieder einmal die Szene betreten würdest." Althusser lachte. „Tragödien sind wohl unvermeidlich, nicht wahr? So wie die Ideologien, die wir zu entwirren versuchen."

Gefangen in einem Netz aus Zeichen

Während sie sprachen, wandte sich das Gespräch unweigerlich zu Roland Barthes, einem anderen Titan der französischen Theorie. Barthes, mit seiner obsessiven Beschäftigung mit Zeichen und Bedeutungen, hatte kürzlich einen weiteren Essay veröffentlicht, der die literarischen Kreise in Aufruhr versetzt hatte.

Müller konnte den Hauch von Bewunderung und Verachtung in Althusser's Stimme hören, als dieser über Barthes sprach. „Seine Fähigkeit, das Banale in das Erhabene zu verwandeln, ist sowohl faszinierend als auch irritierend," sagte Althusser. Müller nickte zustimmend.

„Barthes hat das Talent, uns zu zeigen, dass wir alle in einem Netz aus Zeichen gefangen sind, ohne Möglichkeit, uns zu befreien.

Es ist, als ob er uns ständig daran erinnert, dass wir nur Schauspieler in einem Stück sind, dessen Drehbuch wir nicht geschrieben haben."

Proust als Quelle endloser Interpretationen

Das Gespräch drehte sich weiter um Marcel Proust, dessen umfangreiches Werk eine Quelle endloser Interpretationen war. Proust, mit seiner unnachgiebigen Suche nach der verlorenen Zeit, schien ein unerschöpfliches Reservoir für theoretische Erörterungen zu sein.

Müller, der Prousts Fähigkeit bewunderte, die tiefsten Tiefen der menschlichen Psyche zu ergründen, bemerkte: „Proust zeigt uns, dass Erinnerungen wie Theaterstücke sind, die immer wieder aufgeführt werden, jedes Mal ein wenig anders, aber stets von der gleichen Melancholie durchdrungen."

Althusser nickte nachdenklich. „Vielleicht ist das der Grund, warum wir alle hier sind – um diese Wiederholungen zu verstehen, um zu erkennen, dass unsere Theorien letztendlich nur Versuche sind, Sinn in das Chaos zu bringen."

In diesem Moment betrat ein weiterer Gast das Café: Roland Barthes selbst. Mit seiner typischen Eleganz und einem feinen Lächeln setzte er sich zu Müller und Althusser. „Meine Freunde," sagte er, „ich hoffe, ich störe nicht."

„Im Gegenteil, Roland," sagte Müller und bot Barthes eine Zigarette an. „Wir haben gerade über dich gesprochen – und über die unaufhörliche Suche nach Bedeutung."

Bedeutung ist ein Spiel

Barthes nahm die Zigarette und lächelte. „Bedeutung ist ein Spiel, nicht wahr? Ein Spiel, das wir nie gewinnen können, aber dennoch immer wieder spielen müssen."

Während die Nacht hereinbrach und die Gespräche tiefer und komplexer wurden, fiel es Müller auf, wie sich ihre Theorien und Gedanken wie Schichten von Prousts Madeleine entfalteten – Schicht um Schicht, jede enthüllend, aber niemals vollständig aufdeckend. Die Stadt draußen schien stillzustehen, als ob sie die Bedeutung dieser intellektuellen Zusammenkunft erkannte.

Das Ende der Nacht

Am Ende der Nacht, als das Café sich leerte und die Kellnerin die letzten Tische abwischte, standen Müller, Althusser und Barthes auf, verabschiedeten sich und gingen in verschiedene Richtungen. Jeder von ihnen trug die Spuren des Gesprächs mit sich, bereit, sie in ihren nächsten Werken und Gedanken zu verarbeiten. Müller dachte an die Worte, die er einmal gesagt hatte: „Leben bedeutet, dass sich etwas ereignet, dass etwas passiert."

An diesem Abend hatte sich etwas ereignet – ein Treffen der Geister, das, wie die Flaschenpost, die

Müller oft in die Gewässer der Theorie warf, vielleicht irgendwann, irgendwo, aufgefischt und verstanden werden würde. Vielleicht von einem Marsmenschen, vielleicht von einem Puertoricaner.

Oder vielleicht, nur vielleicht, von einem zukünftigen Intellektuellen, der in den verstaubten Archiven der Geschichte stöberte, auf der Suche nach Antworten auf Fragen, die noch nicht einmal gestellt worden waren.

Kapitel 14
Das Erbe des langen Sommers der Theorie

Berlin, eine Stadt, die einst das pulsierende Herz der Theorie war, heute eine lebendige Metropole, in der die Geister vergangener Intellektueller immer noch durch die grauen Straßen schleichen.

Die Geschichten der Theoretiker, die hier ihre Gedanken formten, ihre Revolutionen planten und ihre Lektüregruppen bildeten, haben sich tief in die Seele der Stadt eingegraben. Der lange Sommer der Theorie, wie ihn Philipp Felsch beschreibt, war nicht nur eine Epoche des Denkens, sondern auch eine Ära des intensiven Lebens.

Die Geburt des Lesers

Mit einem lauten Knall öffnete sich die Tür zu der kleinen Buchhandlung in Kreuzberg. Das Klirren der Glocke über dem Eingang klang wie das Signal einer neuen Ära. Hier, inmitten der stapelweise aufgetürmten Bücher, die von revolutionären Ideen und utopischen Visionen erzählten, saß Peter Gente, tief versunken in einem Band von Michel Foucault.

Gente war nicht nur ein Leser, er war ein Besessener, ein Jäger nach den tiefsten Geheimnissen der Theorie. „Wir sind keine Autoren, wir sind Leser," murmelte er vor sich hin, während er die Worte in sich aufnahm wie ein Schwamm das Wasser. Dies war das

Mantra der Merve-Verleger, ein Bekenntnis zur reinen Rezeption und zur intensiven Auseinandersetzung mit den Gedanken anderer. In dieser Buchhandlung, einem Mikrokosmos der intellektuellen Welt Berlins, manifestierte sich die Theorie als gelebte Praxis.

Der Geist von Foucault

Die Vorlesungen von Michel Foucault waren legendär. Sie zogen eine kleine Schar von Anhängern an, die bereit waren, sich in die dunkelsten Winkel der Macht und des Wissens zu begeben. Einer dieser Anhänger war Valerio Marchetti, ein Historiker an der Università di Bologna, der Foucaults Denkweise mit einer solch intensiven Hingabe nachahmte, dass er beinahe zu einem Alter Ego des französischen Philosophen wurde.

Marchetti, mit seinem italienischen Akzent und seiner großen rhetorischen Geste, vermittelte den Geist Foucaults wie ein Medium, das die Worte des Meisters aus einer anderen Dimension beschwor. Seine Vorlesungen über den Hermaphrodismus im Barockzeitalter zogen nur wenige Studenten an, doch diejenigen, die kamen, wurden Zeugen einer intellektuellen Performance, die ihresgleichen suchte.

Die Theorie der Lektüre

Während Foucault die Machtstrukturen analysierte, die das Individuum formen, entwickelte Roland

Barthes eine neue Theorie des Lesens. In seinem Werk „Der Tod des Autors" proklamierte er die Geburt des Lesers als souveränes Subjekt, das den Text auf vielfältige Weise interpretiert.

Barthes' Vision war radikal, sie stellte die traditionelle Hierarchie von Autor und Leser auf den Kopf und öffnete neue Räume für die kreative Aneignung von Texten. Gente und Heidi Paris, die Gründer des Merve Verlags, nahmen diese Idee begeistert auf. Sie sahen sich selbst als Prototypen dieses neuen Lesers, der sich die Texte aneignete, sie dekodierte und in den Kontext der eigenen Erfahrungen und Überzeugungen stellte.

Ihre Lesegruppe, die sich wöchentlich traf, um Deleuze und Guattaris "Anti-Ödipus" zu diskutieren, war ein lebendiges Beispiel für diese neue Form des Lesens.

Die Lust am Text

Die Lust am Text, ein Konzept, das Barthes in seinem gleichnamigen Werk beschrieb, wurde zum Leitmotiv der Merve-Gruppe. Das gemeinsame Lesen war nicht nur eine intellektuelle Übung, sondern auch ein Akt der Sinnlichkeit. Jeder Satz, der laut vorgelesen wurde, erzeugte Resonanzen, die weit über den Text hinausgingen. Es war ein Ritual, das die Teilnehmer enger zusammenschweißte und ihnen das Gefühl gab, Teil einer größeren, bedeutungsvolleren

Bewegung zu sein.Nach den Leseabenden zog die Gruppe oft in die Berliner Nachtclubs weiter, wo sie die Theorie in Ekstase und Rausch verwandelten.

Die Musik der Einstürzenden Neubauten, die aus den Lautsprechern dröhnte, verschmolz mit den Ideen von Deleuze und Guattari zu einem neuen, intensiven Erlebnis. Theorie und Praxis, Denken und Leben, verschmolzen zu einer untrennbaren Einheit.

Der Geist des Widerstands

In der Nachfolge dieser intellektuellen Pioniere entwickelten sich neue Formen des Widerstands und der Subversion. Die Konsumenten, die einst nur passive Empfänger waren, wurden zu aktiven Gestaltern ihrer eigenen Bedeutungswelten.

Sie manipulierten die Zeichen und Symbole der Konsumgesellschaft und schufen so neue Räume der Autonomie und Freiheit. Jean Baudrillard, der in den späten 60er Jahren seine Dissertation „Le Système des objets" veröffentlichte, erkannte diese Veränderung als einer der Ersten.

Der Konsum, so argumentierte er, sei keine passive Aufnahme, sondern eine aktive, systematische Manipulation von Zeichen. Diese Erkenntnis revolutionierte die Theorielandschaft und eröffnete neue Perspektiven auf die Rolle des Individuums in der modernen Gesellschaft.

Der Unternehmer seiner selbst

In den späten 70er Jahren stieß Michel Foucault auf die Ideen der Chicago School des Neoliberalismus, insbesondere auf die Arbeiten von Gary Becker. Becker beschrieb den Konsumenten als unternehmerisches Subjekt, das sein Humankapital investiert, um seine Befriedigungen zu produzieren. Foucault war fasziniert und gleichzeitig beunruhigt von dieser Vorstellung, die das Bild des passiven Konsumenten radikal in Frage stellte.

Der „Unternehmer seiner selbst" wurde zu einer zentralen Figur in Foucaults spätem Werk. Diese Figur verkörperte die neuen Formen der Subjektivität, die in den post-utopischen Handlungsmächten der Bastler, Borderliner, Dilettanten und Konsumenten zum Ausdruck kamen.

In der Auseinandersetzung mit diesen Ideen fand Foucault neue Wege, die Machtverhältnisse und die Freiheit des Individuums zu denken.

Die Ästhetik des Konsums

Während Adorno noch die Kulturindustrie verdammte und die Produktionsgläubigkeit der Linken kritisierte, erkannten Gente und Paris die subversive Kraft des Konsums. Sie sahen in der Warenwelt nicht nur eine Quelle der Entfremdung, sondern auch eine Fundgrube für neue, kreative Möglichkeiten. In ihren

Augen war der Konsument kein Opfer, sondern ein Akteur, der die Zeichenwelt nach seinen eigenen Vorstellungen manipulierte und umdeutete.

Helmut Lethen, der in seinen „Verhaltenslehren der Kälte" den „außengeleiteten Charakter" beschrieb, sah in diesem neuen Konsumenten einen Typus, der in den Nischen des Konformismus ungeahnte Autonomiemöglichkeiten entdeckte. Dieser „Radar-Typ" war lässig, medienbesessen und skeptisch gegenüber politischen Illusionen.

Er verkörperte eine neue Form der Subjektivität, die sich nicht in heroischen Gesten, sondern in subtilen, alltäglichen Handlungen ausdrückte.

Das Vermächtnis der Theorie

Der lange Sommer der Theorie hat eine tiefgreifende Transformation der intellektuellen Landschaft hinterlassen. Die Ideen, die in den Lesegruppen und Vorlesungen dieser Zeit diskutiert wurden, haben die Grundlagen für eine neue, kritischere und kreativere Auseinandersetzung mit der Welt gelegt.

Die Theoretiker dieser Epoche haben gezeigt, dass das Denken nicht nur eine abstrakte Übung ist, sondern eine Praxis, die das Leben selbst verändern kann.
In den verstaubten Archiven des Merve Verlags, in den zerfallenden Seiten der alten Bücher, lebt

dieser Geist weiter. Die Theorie ist nicht tot, sie hat sich nur verwandelt. Sie ist ein lebendiger Teil der Gegenwart, ein Werkzeug, das uns hilft, die Komplexität und die Widersprüche unserer Zeit zu verstehen und zu gestalten.

Kreative Aneignung

Die Geschichte des langen Sommers der Theorie ist eine Geschichte der Transformation, der Subversion und der kreativen Aneignung. Sie zeigt, dass das Denken nicht nur in den Köpfen der Intellektuellen stattfindet, sondern in den alltäglichen Handlungen der Menschen, die die Welt um sich herum neu interpretieren und gestalten.

In diesem Sinne ist die Theorie nicht nur ein Erbe der Vergangenheit, sondern eine lebendige Praxis, die uns auch heute noch inspiriert und herausfordert. So wie Gente und Paris einst die Bücher anderer lasen und ihre Gedanken in neuen Kontexten zum Leben erweckten, so können wir auch heute die Ideen der Vergangenheit nutzen, um unsere eigene Gegenwart zu verstehen und zu gestalten.

Die Theorie lebt weiter, in uns und durch uns.